Secret Wrapped in Lead

Martin Travers

T0021654

methuen | drama

LONDON • NEW YORK • OXFORD • NEW DELHI • SYDNEY

METHUEN DRAMA
Bloomsbury Publishing Plc
50 Bedford Square, London, WC1B 3DP, UK
1385 Broadway, New York, NY 10018, USA
29 Earlsfort Terrace, Dublin 2, Ireland

BLOOMSBURY, METHUEN DRAMA and the Methuen
Drama logo are trademarks of Bloomsbury Publishing Plc

First published in Great Britain 2023

Cover image: Cristina Ertze

Cover design: Clare Yuille

A catalogue record for this book is available from the British Library.

A catalog record for this book is available from the Library of Congress.

ISBN: PB: 978-1-3504-4043-2
ePDF: 978-1-3504-4044-9
eBook: 978-1-3504-4045-6

Series: Modern Plays

Typeset by Mark Heslington Ltd, Scarborough, North Yorkshire

To find out more about our authors and books visit
www.bloomsbury.com and sign up for our newsletters.

Secret Wrapped in Lead was first presented by Braw Clan at Leadhills Village Hall on 19 July 2023. The original cast in order of appearance was as follows:

DOROTHY WORDSWORTH	Helen McAlpine
SAMUEL TAYLOR COLERIDGE	Robin Laing (voice)
WILLIAM WORDSWORTH	Anthony Bowers (voice)
PRIMROSE OTTO	Morven Blackadder
MRS OTTO	Fletcher Mathers

Directed by Pauline Lynch
Set by Pauline Lynch and Paul Rodger
Costume Design by Hazel Henderson
Lighting by Paul Rodger
Composer/Sound Design Jack Henderson
Company Movement Joyce Henderson
Production Manager Paul Rodger
Stage Manager Linsey Johnstone
Marketing Director Clare Yuille
Costume Support by Elaine Coyle
Media Sound Supervisor Gordon Dougall

Saicrets Happit in Leid

Thare's a wheen o saicrets tae be unfankled in this unchancy tale fur, as weill as bein a mynerall, leid/lede/leed is the Scots wird for language, a leid that is stappit wi saicrets that hae been tint gradually sin the Unions o 1603 an 1707; saicrets that Hugh MacDiarmid descrivit in Gairmscoile a hunner year syne:

. . . for here's a language rings

Wi' datchie sesames, and names for nameless things.

Sooth Lanarkshire has been hame tae a hantle o geyan faur kent scrievers whase darg is kent in monie neuks o the warld: the poet Allan Ramsay frae Leidhills, Ian Hamilton Finlay (tho he didna scrieve in Scots) wha biggit his stoundin concrete poetry gairden at Dunsyre, Robert McLellan, best kent as a playwricht an fur his tales anent Linmill near Kirkfieldbank whaur he wis boarn, Hugh MacDiarmid, wha bidit in Biggar frae 1952 till his daith in 1978, kenspeckle an carnaptious leader o the Scottish Renaissance o the airlie twentieth century. MacDiarmid's airlie lyrics published in 1923 catapultit Scots poetry intae a new warldwide context even as his synthetic Scots steered up leeterary dirdum. McLellan's Scots is aften descrivit as 'Classical', thou he cried it simply, 'Parish o Lesmahagow Scots'.

Wi sic a legacy, it seems richt that Braw Clan sud pit doun its ruits in Sooth Lanarkshire whaur a wheen o fowk still speak Scots or Scots-Inglis. In 1977, the weill respeckit actor an TV commentator Tom Fleming (1927–2010) spak o his howp that 'a company of actors capable of speaking and relishing Classical Scots continues to exist and that a national repertoire evolves . . .' Near hauf a century later, Braw Clan is set tae turn that howp intae reality. It wis thair passion fur, an belief in the pouer o the Scots leid, their ettlin efter its saicrets that inspirit Braw Clan tae git thegither; a Scottish theatre company, dedicatit tae wark in the Scots leid an tae takkin thair productions intae the landwart pairts o Scotland.

The awaird-winnin playwricht Martin Travers, is ane o the foonders o Braw Clan. His reenge o subjeck maitter is byordinar, frae historical plays lik *MARTYRS* aboot the Wigton Martyrs an *A*

Daurk Maiter aboot the Udston Minin disaster, tae sair contemporary issues lik sectarianism an online radicalisation.

Braw Clan his awready dune play readins o *Secret Wrapped in Lead* (ane in Biggar an ane in Leidhills) an *A Christmas Sang*, owerset frae *A Christmas Carol*. On ilk occasion, thay played tae a keen fu hoose.

Secret Wrapped in Lead is an oorie tale biggit roun Dorothy Wordsworth's veesit tae Leidhills in 1803. In thae days the ugsome, unchancy properties o leid were unkent but evident in the gowstie miners dwinin awa wi mill reek, fleem an black spit congealit in their lungs. The saicret o the mysterious leid an feader pellets gradually emerge frae the vieve crack o the twa byordinar gallus weemen, Dorothy an Mrs Otto the hostler, as weill as her eldritch dochter Primrose. It's a stoater o a play.

Leidhills is the venue fur the warld premiere o the grippin *Secret Wrapped in Lead*. O coorse it is. Whaur ense wad ye want tae dae it!

Annie Matheson

Scots language theatre

Braw Clan is the Scots language theatre company, making new plays inspired by the history and people of Clydesdale for rural audiences in southern Scotland.

Established in 2021, Braw Clan's work invigorates and reappraises the Scots language, while tackling the ingrained prejudice that holds Scots speakers back.

For the latest information visit brawclan.com.

Director's Note

Living in Scotland, Scots is spoken and understood around us all the time. Reading it, however, is a different prospect for most of us. And, of course, *Secret Wrapped in Lead* is a play. It is written to be performed and enjoyed. Still, there is plenty here to entertain the reader.

As you cast your eyes upon the Scots words in these pages, I urge you to sound them out and you will see exactly how familiar it all is. Of course, there will be some words that are not so simple to decipher. Scots is a whole language with a wide vocabulary, after all, but isn't it strange that there are so many words within our own language that appear to be brand new to us? These are words that were once in common use but which, for various reasons, have fallen through the cracks of time. I hope when you read, and hear, these words, you will agree with me that they are too precious, too unique, too *perfect*, to be allowed to languish in obscurity.

There is a physicality in the Scots language that playwright Martin Travers has cracked open to a dazzling degree in this play. The dialogue fizzes with such effervescence that the actors are required to change gear between dark and light, grief and comedy, sometimes in a single breath.

Although set in 1803, there are themes resonant with today. A well-meaning stranger stumbles into a situation she does not understand and sets about trying to rectify matters via the medium of unsolicited advice. It's the Georgian equivalent to Twitter. There are dynamics of power, privilege and entitlement too – all subjects that are high in our cultural consciousness these days – but most of all, it's just a cracking good yarn.

So you have this play in your hands and perhaps it might spend several years nestled among the books and old diaries that live permanently on the shelves and in the corners of your house, the dialogue inside locked up and removed from public thought. Or – you could choose a word or a phrase, and decide to insert it into your daily conversation at every available opportunity. 'Brockle bletherskite' is a particular favourite of mine. What's yours?

Pauline Lynch

Glossary

This is a selection of words from the play. If there is a word that is not listed here you want to check please use the Online Scots Dictionary to check it: www.scots-online.org

a while syne	a while ago
ablo	below
airt	aired
aiten	made of oats
allou	to allow
aungel	angel
anent	in front, opposite
aw sort	every sort.
awe	to owe money etc.
bairnheid	childhood
bauld	bold, fierce
baund	band
bawbee	a half penny, a small coin
beal	to fester
begeck	to deceive
begowk	to befool
beuk	book
bide	to dwell
birslin	scorching
blatter	beat with violence
bluidy	bloody
bluim	a bloom, a blossom
borrae	to borrow
bowfin	barking
brakfast	breakfast
brakker	a breaker
breid	bread
brockle	lazy, indolent
buirial	a burial
canker	bad temper, ill-humour
cantrip	a trick, a spell
chowk	the cheek, the jaw
chuisin	choosing

chynge	change
clanger-haimer	bell hammer
cleave	to split
cleek	steal
coukit	hidden, secluded
craitur	creature
crouseness	cheerfulness, smugness
cuir	cure
cutty	a hare
daise	to bewilder, to stupefy
dander	anger
darg	a day's work
daudin shours	driving rain
daudle	a hard pellet of dirt which forms on the tail of a sheep
daupit	dull-witted, stupid
daursay	I dare say
de'il	devil
deleer	to intoxicate, to render delirious
dippit	daft, stupid
dirdum	a noise, uproar, an altercation
dissowle	to dissolve
Doroty	Dorothy
dowf	to be dull, to dull down, make sluggish
dowie	sad, melancholy, dismal
doxie	a sweetheart
draigit	to drag
dreeble	dribble, drizzle
eesicht	eyesight
ense	else, otherwise
espeicially	specially
fasht	upset
faur in the beuk	well educated, well-read
feader	feather
fendless	without energy or resource
firstlins	firstly
foregane	former
forgat	forgotten

fouthie	abundant
furnication	fornication
gaggle	to laugh, cackle
gainder	a gander, to wander aimlessly
ghaist	ghost
glore	glory, majesty
glumpy	sulky, sullen, morose
gowk	the cuckoo, a fool, to befool, deceive
gowlin	howling, yelling, roaring
grund	ground
gustie	tasty, savoury, appetising
gryfe	a claw or talon
hackit	hacked, chapped by severe cold, ugly
haimer	hammer
haisle	to dry or air, to bleach
haithen	heathen
hauch	a soft, loose cough, a clearing of the throat
haundlin	handling, a transaction, business, job in hand
hech ay	indeed!
hellsest	hellish, awful
herry-hawk	plunderer, a robber
hertie	hearty, cordial
hinnie	honey, a term of endearment
hochmagandie	fornication
houlet	owl
howp	hope
hure o	a bad, difficult or extreme example of
ile	oil
ilka body	everyone
ill-birstit	angry
im	him
inflam	to inflame
Inglis	English
jangle	a ringing metallic sound
joub	a very deep place such as a bog, morass or valley
keek o day	dawn
keuk	cook
kempy	fearless, energetic, vigorous

kent	known
kinch	a twist or doubling in a rope, a kink, predicament
kinnle	to kindle, to set fire to, ignite
kist	a person's chest
laft	loft
lairdly	lordly, lavish, extravagant
Laitin	Latin
lat	to let, to allow, permit
lave	what is left over, the remainder
learin	learning
leear	liar
leid	lead, the metal
len	lend
lesion	in medical usage: a morbid change in an organ of the body
limmer	limber, a rascal, a malevolent or mischievous woman
loosie	lousy
lowsed	loosend
lowsen	loosen
luesome	loveable, pleasant, righteous
magneeficent	magnificent.
maigrim	megrim, a whim, a preposterous notion
maist	most
man muckle	fully grown (man)
maukit	maggoty, filthy, putrid, decayed
maup	to mope, to be sorry for oneself
meenister	minister
meir	a mare
misbegowk	a disappointment
misglim	to neglect, to forget
mizzle	of snow: disappear, melt away
moot	a whisper, insinuate, murmer
naitur	nature
naitural	natural, naturally
obleeged	obliged
owercome	overcome, to recover from
paircel	parcel

parrie	to waste time, dawdle, delay
pauchle	a small load, bundle, to swindle or steal
pertectit	protected
pirk	a sharp point, a thorn
plash	a splash, heavy rain
plicht	a pledge or promise
powker	poker
preevilege	privilege.
prent	print
prestation	the performance of an obligation or duty
puckle	a small particle of any kind, a few, some
pugsy	having a prominent stomach, stout, corpulent
pushion	poison. an unpleasant person or thing
quaik	a quack, the cry of the duck
raggle	to cut unevenly or jaggedly, to throw out of alignment
rade	read
raiglar	regular
raison	reason
reetch	to retch, vomit
reid	the colour red
rowin	rolling, wrapping, rowing a boat
ruif	a roof, the ceiling of a room
ruist	a roost, a perch
ryal	royal
saicret	a secret
sairy	sorry, sad, doleful, sorrowful, paltry
sattle	settle
scaitert	scattered
scar	scare
schuil	school
sclice	slice
sclitterie	wet and messy, sloppy
screich	a scream, screech, shriek
seck	sack
sers	serves
sert	served, satisfied, full-up
skellet	a hand-bell

skirlin	screaming, shrieking, screeching
slaik	a lick with the tongue, a slobbering lick or kiss
slee	sly
slutch	sludge, a lazy, slouching person
smeddum	spirit, energy, vigorous common sense, resourcefulness, mettle
smeek	the fumes from anything burning, smoke
smorin	smothering, suffocating, stifling
smout	to put out of sight in a furtive manner, hide away stealthily
snyster	to burn, scorch, roast, cauterize
sowel	a person i.e. a soul
Spainish	Spanish
speir	question(ing), inquiry, investigation
stamack	the stomach.
stamagaster	a great and sudden disappointment, an unpleasant surprise, a shock
stealt	stole
stey	stay
stotious	drunk, intoxicated
straucht	a straight line or section of a line, a straight position
stravaiger	a wanderer, a roamer
suithfest	of people or statements: truthful, reliable, trustworthy
swallaein	swallowing
taen	taken
tairible	terrible, very great, tremendous, terrific, excessive
tak tent	take care, pay attention to
tak the strunts	to be in a huff
taucht	teached
touk	tuck
thaim	them
thare	there
thoum	thumb
thrapple	the windpipe. throat, gullet
thraw	throw

towl	the toll of a bell
traiveler	a traveller, hawker, tinker, gipsy
trou	to trust, believe
trowth	truth
tryst	an agreement, a solemn bargain, a covenant, a mutual pledge
tummler	a tumbler
tummlin	tumbling
uggsome	ugly, abhorrent
uised	used
uphaud	to uphold, to keep in a state of good repair, to maintain, to look after
vaam	a spell, a hypnotic influence
vainity	vanity
veelage	village
wandert	lost, led astray, confused, perplexed, bewildered, senile
wanthrift:	extravagance, lack of thrift, a thriftless person
waux	wax
weedae-wife	a widow
weemen-fowk	women, female relatives
waur	worse
whaur	where
wheengin	complaining, fretting, whining
wiceheid	wisdom
wit	sanity, reason, wisdom, mental ability
wyte	blame, reproach, responsibility for some error or mischief
yestreen	yesterday evening, the night before today
yinst	once
yird-moose	the wood mouse
yowe	a ewe
yowt	a shout, roar, scream, hoot, bellow

Martin Travers is a playwright based in Lanark. He is a founding member of Braw Clan – Scotland's Scots language theatre company, based in Biggar.

For Braw Clan, Pauline Lynch has directed readings of Martin's Scots plays *A Secret Wrapped in Lead* and *A Christmas Sang* (Scots adaptation of *A Christmas Carol*). These were seen by sold-out audiences at the Corn Exchange in Biggar in May and December 2022. *A Secret Wrapped in Lead* was also performed to a sold-out performance at the Hopetoun Arms in Leadhills.

In February 2022, his punk play *Whatever Happened to the Jaggy Nettles?* won the Writers' Guild Award for Best New Play for Young Audiences.

Strathclyde University provided the funds to make a radio play version of Martin's *A Daurk Maiter*. This was professionally recorded at Loaningdale House in Biggar at the end of July 2022 by a cast of graduates from New College Lanarkshire and established actors. The final recording will be available on the Piston, Pen and Press website in autumn 2023.

Martin co-wrote *The Dodo Experiment* with emerging playwright and WAC Ensemble member Chloe Wyper. Directed by Fiona McKinnon and performed by the Citizens Theatre's WAC Ensemble, *The Dodo Experiment* premiered in a temporary theatre space built inside Princes House – a vacant office block in the centre of Glasgow in April 2022. The sold out run of shows received critical and audience acclaim. *The Dodo Experiment* was published by Methuen Drama in April 2022.

Whatever Happened to the Jaggy Nettles? was developed with participants from the Citizens Theatre's formed WAC Ensemble. The WAC Ensemble is Scotland's first professionally supported care experienced theatre company. The play was directed by Guy Hollands with music by M.J. McCarthy and premiered at Scottish Youth Theatre in February 2020 to critical and public acclaim. *Whatever Happened to the Jaggy Nettles?* was published by Methuen Drama in February 2020.

His play in Scots *A Daurk Maiter* is about nineteenth-century working-class poets in Lanarkshire was set against the backdrop of the Udston Mining Disaster in 1887; *A Daurk Maiter* was one element of Piston, Pen & Press, an Arts and Humanities Research Council funded project which aims to understand how industrial workers in Scotland and the North of England, from the 1840s to the 1910s, engaged with literary culture through writing, reading, and participation in wider cultural activities. Rehearsed readings of *A Daurk Maiter*, directed by Guy Hollands, were performed by eleven BA actors from New College Lanarkshire at North Lanarkshire Heritage Centre in September 2019 and at New College Lanarkshire's G59 theatre space in June 2022. A full audio version of the play will be available in autumn 2023.

Martin worked closely with award winning composer Sir James MacMillan on *Flow Gently: Robert Burns Talks to God at the Dawn of his Death* for The Cumnock Tryst in October 2019. This monologue was written in Scots for actor Martin Docherty and directed by Guy Hollands and drew on Robert Burns' last letters. The performance was accompanied by Mr McFall's Chamber Orchestra who performed Burns' compositions and new music composed by students and pupils of local secondary schools.

Funded by the Scottish Government, Martin's play *The Kids Are All Right* is the story of teenage friends torn apart by right wing extremist views and the dark consequences for a modern Scotland. The play and supporting teaching resources created by Sense over Sectarianism is in the process of being independently evaluated for the Scottish Government in four local authorities. If the evaluation of the play is favourable it will be studied in every secondary school in Scotland from autumn 2023 onwards. *The Kids Are All Right* was published by Methuen Drama in September 2019 as part of their Plays For Young People series.

In August 2019 excerpts of his play *Annville* were read by professional actors at the Edinburgh International Book Festival. Martin also co-led a Writing in Scots Masterclass with Doctor Michael Dempster (Director of the Scots Language Centre) at the festival.

McLuckie's Line, co-written with Martin Docherty, premiered at the Citizens Theatre in April 2018. The play toured nationally (supported by the National Lottery through Creative Scotland) in September 2018 to four- and five-star critical acclaim and was been seen by over 1,000 people across Scotland.

Martin was awarded Open Funding from Creative Scotland/ National Lottery funding to radically adapt Canadian writer and artist Heather Spears' novel *The Flourish* into a Scots stage play in 2017. Directed by Amanda Gaughan, there were three chamber performances of the play *Annville* (with live piano accompaniment by Musical Director Karen MacIver) at the Citizens Theatre, Scottish Storytelling Centre and the Institute of the Formation of Character in New Lanark.

Martin conceived and script edited *Come Hell or High Water*. A new urban oratorio based on interviews with Scottish residents, asylum seekers and refugees exploring what it is to be Scottish and British after the referendum to leave Europe. Funded by Sky Art 50, *Come Hell or High Water* was directed by Guy Hollands with new songs and music by composer Finn Anderson. It premiered at the Citizens Theatre in March 2018 with a cast of twenty-five community actors and a live professional band. Extracts of the production were aired on Sky Arts on 29 March 2019. Martin was interviewed for the broadcast with a panel of other artists involved in Sky Art 50 at the the the Barbican Centre in London.

He worked with Lanarkshire writers' groups as part of the National Theatre of Scotland's large-scale performance project SHIFT in autumn and winter of 2017.

Martin's short play *Life is Not a Rehearsal* (funded by the Noël Coward Foundation) was performed by the Citizens Young Company at the Citizens Theatre as a curtain raiser to Dominic Hill's production of *Hay Fever* in April 2017.

In 2016, his award-winning play *Scarfed for Life* was a finalist of Creative Carbon Scotland's Sustainable Practice Awards and was seen by over 2,000 young people and adults and was part of the Edinburgh Fringe before performances at The Beacon in

Greenock, the Òran Mór in Glasgow and secondary schools across Glasgow. *Scarfed for Life* has had eight professional productions and five community productions and has toured Scottish prisons, schools and has been performed in theatre venues throughout the country and has been seen by over 10,000 people. The adult version of *Scarfed for Life* was published by Methuen Drama in October 2013. A new second edition of the play, specifically for secondary schools, was published by Methuen Drama in February 2014. *Scarfed for Life* is currently being studied in all Glasgow secondary schools alongside workshops led by Sense over Sectarianism.

Martin's radical adaptation of Glasgow girl Jessie M. King's *The Little White Town of Never Weary* for Scottish Opera toured nationally in May 2016. The tour was featured on the national news. The trailer for the production has had over 65,000 hits on YouTube.

Funded by the Scottish Government, Martin's musical adaption of Theresa Breslin's multi-award-winning novel *Divided City* for the Citizens Theatre was the longest running participatory theatre in education project in the history of Scottish theatre. The play has been seen by over 20,000 people with 2,497 young people from 109 schools having performed in a production. *Divided City* was also performed by Irish pupils from local schools to over 2,500 people as part of the Derry/Londonderry City of Culture in 2013. *Divided City* was published by Methuen Drama as part of their Critical Scripts series in January 2013. The abridged musical edition of *Divided City* was published by A & C Black in February 2014.

Funded by the Heritage Lottery Fund and based on the archives of the Cameronian Scottish Rifles regiment, Martin's First World War musical *The Rifles* was performed in November 2015 by a cast of thirty, a nine-piece professional band, a piper and a choir of sixty students from New College Lanarkshire. Directed by Guy Hollands, *The Rifles* was supported by a large scale schools workshop programme and was seen by over 2,500 children and adults.

His monologue *Miss Shamrock's World of Glamorous Flight* was part of the Play, Pie and a Pint autumn 2014 season at the Òran Mór and starred award-winning Scottish actor Pauline Knowles.

In 2012, directed by award-winning director Amanda Gaughan, his play *Roman Bridge* was the centre piece of the National Theatre of Scotland's Reveal season. *Roman Bridge* was published by Methuen Drama.

In 2010 he worked with prisoners to create the script for the ground-breaking *Platform 2:10* project that culminated in four live performances in the chapel at HMP Barlinnie. *Platform 2:10* was part of Creative Scotland's ground-breaking Inspiring Change initiative. The script for *Platform 2:10* won a gold Koestler Trust Award in 2012.

COMMUNITY PLAYS

Martin has had a long and meaningful partnership with In Cahootz. In Cahootz use the arts to engage people in positive and inspiring activities that will enhance and improve their wellbeing, confidence and skills. *Haw Hen*, *Pigeon*, *Oor Carol and the Seagulls* and *Wid Ye Credit It* were directed by Kate Black with large casts of people in recovery. Martin's latest play for In Cahootz, *Sheriff Dick's Swansong*, premiered at Tramway in March 2023.

Scriever's Bit

A'd like tae thank Dom O'Hanlon an Callan McCarthy, an the Methuen Drama Editirial Buird, fir haein the faith in 'is speicial wee daurk, an bi-lingual, cuiriorum ae a play.

Ye hae nae idea hou hantle *Secret Wrapped in Lead* bein Braw Clan's first fou perfaisional production means tae us. A hae a feelin deep, deep doun in ma hert 'at we'r daein somehin awfu important fir the Scots leed, an fir the halth an diversity ae Scottish theatre.

Daen unapologetic an dramatically excitin new plays in Scots ruitit in Clydesdale is radical. An 'at's hou we'r daen hit. Braw Clan is a radical theatre company acause Scots is a radical leed. A bonnie leed. A hellsest leed. A leed 'at cin gie yer saul a batterin wan meenit, an cin mak ye pish yersel lauchin the neist. An we uphaud Scots is fir ilkabody – nae maiter yer social ir cultural backgrund. *Secret Wrapped in Lead* merks the stert ae oor wunnerfu an slichtly terrifeein jurney. Deil the fear. Come wi us. Hit's gaun tae be braw.

Hou wis A tae ken 'at whan A wis gien a auld blaudit an maukit copy ae Thomas Grierson Gracie's *The Grey Glen* (he wrat *Songs and Rhymes of a Lead Miner* an aw) 'at A wad fand ma wey tae Dorothy Wordsworth. Whan A rade *The Grey Glen*, A haed the feelin 'at A wis in a monochrome an twistit Brigadoon. A wis fair flochtert bi the lost warld A haed the preevilege tae glimp.

Ettlin tae fand oot mair aboot Leadhills A stummelt on Dorothy Wordsworth's *Recollections of a Tour Made in Scotland, A.D. 1803*. Thon beautifu an important journal taen us doun a hale ither precious an mangey connie burrae in ma imaigination. *Secret Wrapped in Lead* is whit A hault oot the burrae whan A cam up fir air.

Wirkin wi director Pauline Lynch on the final draft ae the script haes buin a jey. She kens thir chairacters inside oot an A hae nae dout she'll mak a wrunkelt an captivatin wunner fir oor audiences tae enjey. Wi a cast makkit up ae three ae ma fauvourite actors in the hale wide warld an a Creative Team tae dee fir, *Secret Wrapped in Lead* annunces Braw Clan ontae the national stage wi a belloch; an A coudna be mair prod. A'm awfu excitit. Cin ye tell?

Thanks

Annie Matheson, Helga Hone, Anthony Bowers, Robin Laing, Aileen Campbell, Doctor Michael Dempster, Guy Hollands, Rab Campbell, Malcolm Muir, Matt Cullum, and Fraser Emslie for their support throughout the project and final production.

Special Thanks

Creative Scotland, SSE Renewables, The Online Scots Dictionary, James Cameron, Biggar Corn Exchange, Biggar Community Council, Leadhills Community Council, Arcadia Music, and the Playwrights' Studio Scotland.

Secret Wrapped in Lead

*Dedicated to Braw Clan
and the Leadhills community
past, present, and future*

Characters

Dorothy Wordsworth. *Aged 30. She has the sway and gait of a hill walker. Her voice is shrill and pert. 'By her cheerful society, fine tact, and vivid love for nature. She is a woman indeed, in mind I mean, and in heart; for her person is such that if you expected to see a pretty woman, you would think her ordinary; if you expected to see an ordinary woman, you would think her pretty, but her manners are simple, ardent, impressive. In every motion her innocent soul out-beams so brightly, that who saw her would say, "Guilt was a thing impossible with her." Her information various, her eye watchful in minutest observation of nature, and her taste a perfect electrometer.'*

Primrose Otto. *Aged 15. Pale, dirty and sickly looking with a subtle grey-blue pallor to her lips and eyelids. She is trusting and playful like a child but has a detached wildness about her. Her face, neck and hands are covered in old scratches. Her hair is buckled up in a graceful manner and she has a crown of honeysuckle braided into it. She is barefoot.*

Mrs Otto. *Aged 50. A determined and world-weary landlady. She is a gruff matriarch in manner and sharp as a talon. She moves about briskly as if she were still seventeen and trying to complete countless urgent household tasks – all at the same time. Her pitilessness and hostility are driven more by stress and fatigue than badness. Although clean and neat in appearance her clothes are worn through years of endless work and frugality. Her hair is in the same style as her daughter's but disheveled by work. She is barefoot.*

Set

A small, battered table and a simple wooden chair in SCENE ONE *and* SCENE THREE. *Large hessian sacks stuffed and sewn shut – with a few owl feathers scattered over the floor – in* SCENE TWO. *The feathers can be from any bird but need to pass as owl feathers in the minds of the audience.*

Costume

The costumes should be as detailed and authentic looking as possible.

Scene One: Arrival

Off stage we hear a horse and cart pulling up. **Dorothy** *is driving the cart.* **William Wordsworth** *and* **Samuel Taylor Coleridge** *are drunk in the back of the cart.*

Dorothy   Easy Daisy. Easy. Wo.

Coleridge (*expounding drunkenly*)
    But yester-night I prayed aloud
    In anguish and in agony,
    Up-starting from the fiendish crowd
    Of shapes and thoughts that tortured me:
    A lurid light, a trampling throng . . .

He's forgotten the words.

A lurid light. A lurid light, a trampling thrrrrrong . . . Ah
– bugger a sailor! Can't remember the rest.

William   Wonderful Samuel, wonderful. I am sure it will be
deva-stang-ting-ly haunting when you finish it. *If* you finish it.

William *claps.*

Dorothy   What have I told you both before! (*About the
poem.*) It is unwise to eat a pie before it is cooked!

William (*teasing* **Samuel**)
    In Xanadu did Kubla Khan
    A stately pleasure-dome decree:
    Where Alph, the sacred river, ran
    Through caverns measureless to man
    Down to a sunless sea.

William *laughs as he knows how much this annoys* **Samuel**.

William   Now there's another half-baked opus you really
must complete, Samuel.

Coleridge   Bloody postman. (*Darkening.*) My bones will be
as grey as my hair before I conquer that peak.

Dorothy   William! Stop teasing him. Now. Stay here – both of you. A good night's rest relies on your silence. So SHUSH! I would not thank you for another night under the cold Scottish stars.

The two men loudly shoosh each other and laugh as they try to be quiet.

Dorothy   Oh for heaven's sake.

Sparse scullery of a house in Leadhills village. Early evening. August 1803. **Dorothy** *walks from the horse and cart and knocks on the door frame of the open back door. She waits then knocks again. She notices two pellets on the step. She picks them up. She waits then enters. She is preoccupied – absorbed – examining the two heavy grey pellets of compacted owl feathers and lead dust. The pellets are similar to an owl pellet in shape but are about the size of a working man's thumb.*

Dorothy   Hello? Hello?! Mrs Otto? Are you in?!

On the table in the middle of the room there is a small hand bell and a rough and dirty hand-written sign painted on a piece of wood. The sign reads BLATTER SKELLET THAN BIDE A WEE. *She puts the pellets in her pocket and picks up the sign and reads it aloud under her breath.*

Blatter Skellet. Than bide a wee. Blatter skellet. Well a skellet is a bell as far as I know. Skellet definitely *rings a bell*.

She laughs at her own joke.

Rings a bell.

She laughs again before becoming self-conscious. She picks up the hand bell and rings it but there is no sound. She rings it again – much harder this time. There is still no sound. She turns the bell upside down to examine it. She discovers there's no hammer in the bell. She gets annoyed.

Oh for goodness sake! (*Shouts.*) Mrs Otto? Hello?! My travelling companions and I require a bed for the night! And dinner if that's not too much of an . . . inconvenience?! And hay or corn for the horse?! (*Politely but annoyed.*) At an English inn of this size, a waiter, or the master or mistress, would have been at the door immediately!

Primrose *comes in barefoot. She is as quiet and agitated as a mouse. She smiles shyly as she scratches hard at the old cuts on her hands. The itch is driving her to distraction, but she never takes her eyes off of* **Dorothy**. **Dorothy** *is relieved to see someone and is warm and cheerful.*

Dorothy Good evening, young lady. I'm Dorothy. It is a pleasure to meet your acquaintance. I am here on an educational adventure. A tour. Of Scotland. With my brother and his friend Samuel. We are . . . passing through. Is Mrs Otto perhaps available?

Primrose *continues to smile but does not speak.*

Dorothy Is it my accent? Can't you understand me?

Primrose *shakes her head.*

Dorothy No what? *No* – you can't understand me. Or *no* – Mrs Otto is not available?

Primrose *doesn't engage with the question but continues to smile and look at* **Dorothy**.

Dorothy Are you hurt? What's your name? Tell me. Tell me and I'll give you a sixpence.

Dorothy *steps forward but* **Primrose** *recoils – making* **Dorothy** *uneasy.*

Dorothy Didn't mean to frighten you. I didn't come here to frighten you. We are just. We need somewhere to sleep. Just for the night.

Primrose *takes a small, tattered copy of* Romeo and Juliet *from her apron and holds it out for* **Dorothy** *to see. The book is covered in old dirt and dust, but the title can still be seen on the spine.*

Dorothy *Romeo and Juliet*! How delightful. How *romantic*! May I see it?

She holds her hand out, but **Primrose** *snaps the book back against her chest.*

Primrose (*Scottish accent*)
  All good sisters love their brothers
  But so good I have grown,
  I love other sisters' brothers,
  Far better than my own!

Dorothy (*warm and encouraging*)   What a wonderful recitation! That's not from *Romeo and Juliet*. Not that I recollect. Did *you* write that?

Primrose   Aw ma brithers's lang deid! An ma sisters an aw.

Primrose *hears* **Mrs Otto** *coming and runs out.*

Dorothy   I didn't mean to . . . (*to herself*) frighten you.

Mrs Otto *comes in with her sleeves rolled up. She's out of breath.*

Mrs Otto (*aggressive*)   Dae ye juist inveet yersel intae ilka body's hame? Bauld meir! Ye a herry-hawk? Oot tae pauchle whit ye mey frae a fendless weedae-wife?! Or ir ye juist anither ae thon mainerless an preevileged stravaigers 'at /

Dorothy (*flustered*)   / I rang the bell. Read the sign and rang the bell. Well, tried to at least. Your bell is broken.

Mrs Otto   Thare's naethin wrang wi thon skellet!

Dorothy   It is missing its hammer.

Mrs Otto   Daed ye no 'hink tae ding hit aff the waw?!

Dorothy   No. Wouldn't want to damage your /

Mrs Otto   / Whit ir ye wantin?

Dorothy   My brother William and I – and his sickly friend Samuel – are touring Scotland. We are tired after a bracing day. We passed a decent looking inn, the Hopetoun Arms but /

Mrs Otto   / Thon's a loosie midden. A pugsy an mankie pit ae vice an sin. (*Threatening.*) Howp dee'd in thon airms lang syne!

Dorothy (*appeasing*)   I don't doubt it. Luckily for us, an elderly lead miner – with a volume of the Scotch Encyclopædia and a History of England, under his arm – said as much. A thin spare man, about five foot eight inches high, strangely still black-haired, ruddy face and long visage. He recommended your house to us with high encomiums. Samuel gave him a pamphlet, 'The Crisis of the Sugar Colonies'. I fear the miner may have had taken strong drink as he held us for some time with a fanciful story of a man with the ears of a hare.

Mrs Otto   Thay'r cawed cuttys roond here. A hair is whit growes oot yer heid.

Dorothy   I beg to differ, Mrs Otto. The spelling is different. Hair – h.a.i.r. and hare – h.a.r.e.

Mrs Otto   A canna rade.

Dorothy *is embarrassed.*

Dorothy   Oh. Oh. Well. Sorry to. I'm sure you have many other talents. Cooking perhaps?

Mrs Otto   Ma keukin's weel kent – aye. Hit's anely twa-three a year 'at A manage tae pushion richt bad. An maist ae thaim owercome the spews efter a week ir twa. (*Suspicious.*) Nou, tell iz. Tell iz whit he telt ye.

Dorothy   I would be glad to; later. Once we have had /

Mrs Otto   / Tell iz richt nou or thare'll be nae lairs fir yese the nicht!

Dorothy *resigns herself to re-telling the story.*

Dorothy   The miner told us he had travelled all over England, Scotland and Ireland as a gentleman's servant, and now lived alone in this lonesome place.

He told us that he had served a gentleman, a captain in the army that lived near Dumfries. The captain made such havoc; his whole delight from morning till night was shooting game, and the long year through, was in field sports; he would be on his feet the worst days in winter, and wade through snow up to the middle after his game. If he had company, he was in tortures till they were gone; he would then throw off his coat and put on an old jacket not worth half-a-crown. He drank his bottle of wine every day, and two if he had better sport than usual. Ladies sometimes came to stay with the captain's wife, and he often carried them out in an Irish jaunting-car, and if they vexed him, he would choose the dirtiest roads possible, and spoil their clothes by jumping in and out of the car, and treading upon them. But for all that he was a good fellow, and a clever fellow, and the miner liked him well. He would have ten or a dozen hares /

Mrs Otto   / Cuttys! A hae telt ye. Thay'r cawed cuttys!

Dorothy   I can assure you Misses Otto – in this story they are hares. He would have ten or a dozen *hares* in the larder at once, he half maintained his family with game, and he himself was very fond of eating of the spoil – unusual with true heart-and-soul sportsmen. He ate so much hare that his ears started to grow upwards. They grew upwards until they flopped over. His wife and her friends teased him mercilessly and called him *Harey* Harry – even though the captain was as bald as a babe. So one day after too much teasing and too much wine the captain tried to shoot his ears off – using a hand mirror to take aim. He missed and shot himself through the eye. Expiring immediately.

She laughs at the absurdity of the story. **Mrs Otto** *is stern faced.*

Mrs Otto (*seriously*)   The last time A haurd thon telt he wis cawed Cutty Cherlie. Bit 'at's us juist splitten hairs. An A daena ken whit ye'r gagglin aboot. Thon tale's true's prentit ink. Ye cawin ma neebour a leear?

Dorothy   No. Well. But. Surely?

Mrs Otto   The trowth lik a troot bane may git stickit in oor thrapples nou an than. Daesna mean hit isna true juist acause hits haurd tae swallae. Uphaud wi whit ye be wantin tae uphaud wi. The trowth haes nae feelins tae bemang. (*Beat.*) Whit's wrang wi 'im?

Dorothy   Whom? The captain?

Mrs Otto   A ken whit's wrang wi the caiptain – he's deid! Ye canna git ower mair wrang wi ye 'an deid.

Dorothy   The miner then. Are you asking my opinion on /

Mrs Otto   / Naw! A ken him weel. Thare's no ower muckle wrang wi 'im conceederin. 'At'll be Jaik Taylor. Apairt frae the sairy trowth 'at auld age an port wine haes lowsed his tongue. Whit ense daed he lat daub?

Dorothy   You seem tense, Mrs Otto. Don't mean to pry. I'm just. We three – William, Samuel and I – are keen on hearing about your blood-curdling Scots legends and myths.

Mrs Otto   Thare's nae leegends here. We anely ken the trowth. The gray glen haes saicrets we wiss tae keep wrappit in leid. Daed he lat daub aboot ony cuir?

Dorothy   Cure? No mention of a cure. Is he a healer?

Mrs Otto   He's a believer in the auld weys – lik masel.

Dorothy   Is he older than he looks?

Mrs Otto   He's a hunder an twinty-aight year leevin. Disna leuk a day ower seiventy. He aye haes the eesicht ae a houlet an the liver ae a bogle. No Jaik – A'm speirin ye aboot yer brither's *seek* freend. Whit's wrang wi 'im?

Dorothy   Samuel is a poet. A wonderful poet. But a marauding melancholia has infected his soul. And flying gout has sunk its teeth into his knees.

Mrs Otto   Men an thair dowie melancholy. Naethin a birslin reid powker up the erse wadna sort oot!

She cackles. **Dorothy** *laughs. She's in agreement.*

Dorothy   Had they four weeks with a womb they might feel less hard done by by life.

Mrs Otto (*softening slightly*)   Hae ye bairns ae yer ain?

Dorothy (*embarrassed*)   No. No. I'd rather cradle a lamb than a child.

Mrs Otto   Ir ye barren?

Dorothy (*trying to push the embarrassing conversation on*)   I would need to fall in love first before I could fall pregnant.

Mrs Otto   Daena kid yersel. A hae nae feel fir whit luve is atween a man an a wumman. An yit A hae aicht rottit babbies oot thare unner the kail yaird.

Dorothy   I'm sorry to hear that. (*Awkwardly.*) Did any /

Mrs Otto   / Mak hit past bairnheid? Aye. A dochter. She begeckt iz. Nou – A haena aw nicht tae parrie awa. Whit'r ye wantin?

Dorothy   Three beds. One night.

Mrs Otto   A hae twa lairs fir rentin.

Dorothy   Beds?

Mrs Otto   Aye beds – lairs – caw thaim whit ye sae want. A anely hae twa. Weel airt. Weel dichtit. An dry as fire.

Dorothy   We need three.

Mrs Otto   An A'm needin a swallae ae groset wine tae dowf doun ma sair heid – an fir you tae appen yer wauxy lugs. A hae twa lairs. (*Confiding.*) A bes a varra discreet wumman. Hou ye'r chuisin tae cleave twa atween three's yer ain haundlin. Gif yer gaun tae Hell fir hochmagandie unner ma ruif juist mak shuir ye sattle yer bill afore ye gang doun the sclitterie stair tae damnation.

Dorothy   Three rooms then. Do you have three rooms? I would quite happily lie on the floor under my cloak. As long as the room isn't damp or cold. And I will pay the same rate for a room as a bed.

Mrs Otto   Awa. Yin ae yer men mey tak his luck doun at the Howptoun Airms. He'll owercome yin nicht in thon midden A'm shuir.

Dorothy *confides in* **Mrs Otto**.

Dorothy   Mrs Otto. Mrs Otto, I wish to . . . take you into my confidence. On a *delicate* matter. William is of too ethereal and fragile a nature to be plunged into Babel. And Samuel is too weak willed and easily led to be allowed to revel in Babel's . . . temptations. I fear he may fall too heavily into brandy's embrace to be easily extracted in the morning.

Mrs Otto *mulls* **Dorothy**'s *plea over.*

Mrs Otto   Afore her heid wandert, an she taen aff ma stotious faither's feet wi a saw – ma mither aye said hit wis oor prestation tae len aw the assistance in oor pouer tae weary traivelers.

Dorothy   Your mother sounds like a wise and kindly woman.

Mrs Otto   Ye glaikit as weel as barren? Naw hen – she wis nae sic sage. Ma twistit mither wis as wickit as the muin an hackit aff her bluitert man's feet wi a bluntit saw – a saw sae dull ye'd hae a tribble gittin it throu a block ae saft cheese.

Dorothy   Why would she do that to her husband?

Mrs Otto   Tae end his endless gallivantin tae the Howptoun Airms. (*Beat.*) Ye mey sleep on the secks ae houlet feaders in the laft.

Dorothy   Owl feathers?

Mrs Otto   Aye – houlet feaders. An ye'r lucky A'm no chairgin ye mair fir the preevilege. Thare's mony a ane 'at sleepit on thon secks an haes haed muckle tribble waukenin in the morn. Thay moot hit's the maiste deep sleep thay hae iver kent. Thay moot hit's lik the sleep ae the deid.

Dorothy (*interested*)   Which owl?

Mrs Otto   Whit houlet whit?

Dorothy   The feathers. Which owl species do they come from? Barn Owl? Tawny?

Mrs Otto   We hae wir ain ilk ae houlets here. Thay ruist doun the auld abandont leid wirkins scaitert aboot the glen. Veecious de'ils. Thay hae chinged ower the years. The leid in the wee craiturs thay hunt an the leid in the air frae the smelters hae twistit an daurkent thair naiturs. Thay ir a plague. An thay'll ramsh onythin thay mey git thair gryfes intae.

Dorothy (*finding it funny*)   Eat anything? They sound like the French!

Mrs Otto   Wad a Frenchman rip the lug aff a wee bairn sittin on a back stap soukin hit's thoum?

Dorothy (*in shock*)   Oh. I see.

Mrs Otto   Aye. Bit we hae fand guid uise o thair feaders. Least thare's 'at tae be thankfu fir.

Dorothy *fumbles in her pocket and pulls out one of the pellets. She holds it out to show* **Mrs Otto**.

Dorothy   Is this one of these fiendish owls' regurgitated pellets?

Mrs Otto   Whaur daed ye git hit?

Dorothy   Lying on the step at the door.

She points to the door.

Mrs Otto   Ye hae nae richt cleekin thon!

Dorothy   I never stole it!

Mrs Otto   Aye ye daed. Gie hit tae iz.

Dorothy   I'd like to keep it. It's so . . . heavy. I have a cabinet of curiosities at home. We have many guests these days. Due to William's growing fame. The wonders of the hills and lakes are not enough to entertain these jaded London types. This magnificent darkness will take centre stage! Pride of place in our gallery of gore!

Mrs Otto *wants the pellet but doesn't want to raise any suspicion by being over keen.*

Mrs Otto   Hit'll reek yer hoose oot. Ye best be gien hit tae iz.

Dorothy *hesitates – she is about to give it to* **Mrs Otto** *but changes her mind.*

Dorothy   No. If you don't mind. I think I'll keep it. It will unlock so many fascinating conversations. So many imaginations! A wonder like this should be celebrated.

Dorothy *puts the pellet back into her pocket. There is an awkward silence as* **Mrs Otto** *decides not to press the matter for now.*

Dorothy   Is there anything else we should know about our stay with you?

Mrs Otto   Daena be feart gif ye'r hearin the Curfew Bell in the toun square jangle in the nicht. Hit taen tae janglin hitsel a while syne. We e'en tain the haimer oot o hit. Maks nae odds. Hit aye blatters an towls – some moot hits ghaists. We irna ower-fond ae ony bells gaun aff in the veelage. Bells set the houlets aff. Maks thaim git aw fasht an ill-birstit. Brings oot the de'il's dander in thaim. Ye yet fir steyin?

Dorothy   Of course! How enchanting. Everybody loves a good ghost story.

Mrs Otto   A hae nae time fir sic bletheration. A'll kennle ye a fire in the parlour gif ye'r wantin. A unnecessar an lairdly wanthrift in August gif ye askit iz but A ken youse Sassenachs ir a wheengin an cauld bluidit breed.

Dorothy *refuses to take the bait.*

Dorothy (*brightly*)   That would be delightful, Mrs Otto. May we expect dinner?

Mrs Otto   Aye. An a hertie brakfast in the morn intae the bargain. Mutton chaps an kale the nicht. Ye'll no hae mair gustie kale 'an ma kale. Nae club-ruit! Nae caterpeelars nor nae ither beasties naither! Ma kail's pertectit bi ma wee aungels sleepin unner the grund oot thare.

Dorothy *tries to hide her disgust.*

Mrs Otto   An ye'll hae aiten breid, ma ain cheese an soor douk in the morn.

Dorothy   Soor douk? Is that spoiled milk?

Mrs Otto   Spylt?! Thare's naethin spylt aboot soor douk. Hit's varra halesome. Guid fir the gut.

Dorothy   What shall we pay you?

Mrs Otto   Fower shillins.

Dorothy *knows this is extortionate.*

Dorothy   Four shillings?!

Mrs Otto   Mak 'at five shillins. A forgat aboot yer fire.

Dorothy *thinks about haggling but is too tired.*

Dorothy   Five shillings it is.

Mrs Otto   Whit time ir ye wantin feedin the nicht?

Dorothy   We have pre-arranged to visit your subscription library at eight o'clock tonight. It is rather famous in our circles. Progressive.

Mrs Otto   Hit's no ma leebrary. Nor nae ither wumman's leebrary naither. Na missie – hit's the men's vainity. Thay lik tae saicret awa aw thon revolutionary an poetical maigrims faur frae the mynds o the weemen-fowk. An A daena blame thaim.

Dorothy   Surely you crave knowledge?

Mrs Otto   A hae eneuch wit an wiceheid birlin aboot ma brain tae be keepin iz gaun fir anither hunder year wi'oot the daise o haithen science an bluid-lust o Shakespeare smorin up ma smeddum. Ower the years, faur-in-the-beuk doctors an thair wickit cuirs wi fantoush Laitin names hae inflictit mair lesions an beal on oor men 'an the snysterin smeek frae the smelter an deidly leid hitsel!

Dorothy   Doctors can't always get it right. They are learning all the time.

Mrs Otto   Aye – hit the expense o the men!

Dorothy   History, poetry, philosophy – these gifts belong to us too. Knowledge is medicine – freedom comes with /

Mrs Otto (*rudely*)   / A'll stick tae the auld weys – A hae nae want tae loss whit's left o ma saul tae wratchit beuks!

Dorothy *realises there no point continuing to debate with* **Mrs Otto**.

Dorothy   Would ten o'clock be agreeable? To dine.

Mrs Otto   Ten?! Ten?! 'At's the mids o the nicht aboot here. Yer mutton chaps an bylt kail'll be het an laid oot in the parlour in a oor. Gif thay'r cauld whan ye git back 'at's yer ain daein.

Dorothy   We will not require you to go the trouble of preparing kale. Or any other vegetables grown locally if I'm honest. The chops will be more than enough. And will be just as palatable cold as hot.

Mrs Otto   Ye'll hae kale an aw.

Dorothy (*surrendering*)   Wonderful. Just wonderful.

Mrs Otto   Whit time youse heidin aff in the morn?

Dorothy   Early. First light. We will visit Crawfordjohn on
our way to Lanark. And then the Falls of Clyde. I have heard
they are magnificent.

Mrs Otto   Aye – weel. We haena haed a plash in weeks.
Daena git yer howps up. The watter micht be a dreeble o
hit's foregane glore. Yin body's magneeficent's anither
body's misbegowk an stamagaster.

She turns swiftly and leaves. **Dorothy** *takes the two pellets of owl
feathers from her pocket and inspects them. She exits focused on the
pellets.*

Scene Two: The Curfew Bell

Mrs Otto's *loft. Night. The room is dimly lit but not dark and is
filled with large hessian sacks stuffed with feathers.* **Dorothy** *is
asleep amongst the sacks. She is fully clothed, still wearing her boots
and her spencer. She is covered by her grey cloak, and she has fallen
asleep reading a medical paper titled in large letters on the front
page: 'Hydrothorax and Other Deathly Malaises in Lead Miners'.*
Primrose *sits in the corner of the room with her knees tight up
against her chin and is reading a page of Romeo and Juliet under
her breathe. She wears the same simple dress she wore in Scene One.
She absent-mindedly scratches at the old wounds on her hands, neck
and face throughout the scene.*

Primrose (*audible whisper*)

(*As Friar Laurence.*)
    So smile the heavens upon this holy act,
    That after hours with sorrow chide us not!

(*As Romeo.*)
    Amen, amen! but come what sorrow can,
    It cannot countervail the exchange of joy
    That one short minute gives me in her sight:
    Do thou but close our hands with holy words,
    Then love-devouring death do what he dare;
    It is enough I may but call her mine.

Primrose (*louder whisper*)

(*As Friar Laurence.*)
These violent delights have violent ends
And in their triumph die, like fire and powder,
Which as they kiss consume: the sweetest honey
Is loathsome in his own deliciousness
And in the taste confounds the appetite:
Therefore love moderately; long love doth so;
Too swift arrives as tardy as too slow.

Primrose *as Friar Laurence reacts to when Juliet enters into the scene in the play – she knows the next few lines by heart so doesn't refer to the book.*

(*As Friar Laurence.*)
Here comes the lady: O, so light a foot
Will ne'er wear out the everlasting flint:
A lover may bestride the gossamer
That idles in the wanton summer air,
And yet not fall; so light is vanity.

The Curfew Bell tolls outside and **Dorothy** *sits bolt upright – she is startled by the loud noise but doesn't see* **Primrose**. *The bell tolls again and she gets another fright.*

Primrose   Daena be feart, Miss Doroty.

Hearing **Primrose** *frightens* **Dorothy** *even more than the bell – she lets out a shriek as she instinctively stumbles to her feet and away from the girl. She still holds the medical paper in her hand and flaps it extravagantly to shoo away the girl in case she is planning on getting too close for comfort.*

Dorothy   Stay. Stay there!

The bell tolls again and she gets another fright.

Primrose   A daedna be meanin tae . . . Hit's anely ma Hunter flingin stanes an dingin the Curfew Bell.

Dorothy *is still disorientated by her abrupt awakening.*

Dorothy   Hunter?! Who's being hunted? Are you . . . *are we* . . . being *hunted*?

Primrose (*laughing at* **Dorothy**'s *confusion*)   Hunter's his *name* – no whit he daes! Hunter Carmichael. Mine wirker. Saxteen – strang an lang an uised tae be as bonnie as sunlicht throu hinnie. He's ma doxie. Ma sweet hert.

Dorothy (*recognising* **Primrose** *in the half-light*)   You. You're. Romeo and Juliet.

Primrose   An you ir Miss Doroty Saxpence.

She holds out her hand for a sixpence.

Dae ye uphaud yer baunds?

Dorothy *feels her pockets for coins – she has no money.*

Dorothy   All our money is downstairs. William sleeps with it tied in a neckerchief. Under his pillow. Save Samuel be inclined to act on his recurrent urges for powerful drink and the fumes of the poppy.

Primrose   Ye plichtit ye'd gie iz a saxpence. Yer lik the lave o thaim. Yer lik ma mither. A leein reneger!

Dorothy (*offended*)   I'm no liar. I don't lie! I've never lied in my life.

Primrose   We'r aw leears. Lees'r whit keeps the warld birlin.

The bell tolls again and **Dorothy** *gets another fright.*

Dorothy (*impatiently*)   Why on earth is he making such a racket?!

Primrose   He's dingin the Curfew Bell tae mak shuir naebody's ower late fir thair shifts stairtin. The meenister stealt aw the clanger-haimers frae aw the bells in the toun lang syne. 'at's hou ma Hunter haes tae thraw stanes it hit.

Dorothy (*annoyed*)   It's the middle of the night!

Primrose   Caum yersel. The mids o the nicht's the keek o day fir minin fowk. 'At'll be aw thon dingin duin A'm shuir.

Dorothy *takes control of her senses.*

Dorothy   Good. You must forgive me. I seem to have awoken with a head full of spiteful geese.

She pats herself down and straightens her clothes.

Yesterday. You never told me your name.

Primrose   Aye, A ken. A wisna fir hingin aboot. Ma mither's in a hure o a canker wi iz. Haes buin fir a lang whiles. She haes buin stane-deif tae iz syne . . .

She stops herself from saying anything more about what happened.

Sae A've buin keepin oot her road. A'm cawed Primrose.

Dorothy *is now fully awake, sharp and polite – although a little wary.*

Dorothy   That's. Well. Nice to meet a *lassie* from Scotland not called Jeanie!

Dorothy *laughs at her own joke.* **Primrose** *stares at her.*

Dorothy   Primrose? That's a lovely. Unusual.

Primrose   Rosie fir short.

Dorothy   Primrose is too pretty a name to be snipped in half!

Primrose   Hunter caws iz 'No-sae-prim Rose'. He's richt. A'm mair pirk 'an petal. A'm cried efter ma mither doun stair. An she wis cried efter her mither an aw – ma grandmither. Ma grandmither kilt ma grandfaither wi a auld saw. A daena ken whit he wis cawed.

She gets up and places the copy of Romeo *and* Juliet *carefully on top of one of the sacks.*

Dorothy   Well – he certainly wasn't called *Serendipitous.*

Primrose *doesn't understand.*

Primrose   Aye.

Primrose *absent-mindedly starts to pick up the loose feathers from the floor and from the outside of the sacks. If there are any feathers fall from* **Dorothy** *she will pick these up too. She gathers the feathers in her hand throughout the scene.*

Dorothy   Why are you here? In this loft. Do you sleep here?

Primrose *purposefully ignores* **Dorothy***'s question and points to the medical paper that is upside down in* **Dorothy***'s hand.*

Primrose   Whit wis ye radin? (*Reading the title upside down.*) Hyd . . . rotho . . . rax and Ither Deathly Ma . . . la . . . ises.

Dorothy *realises she still has the medical paper in her hand.*

Dorothy   Ah. Yes. A medical paper. On lead poisoning. Not my normal bedtime reading, I must admit. William borrowed it. From the subscription library – when we visited it. Your mother mentioned a mysterious cure yesterday. She said this place had many hidden things. I wanted to find out more. Find out about what needs to be cured in the first place. Diseases of the lung? Diseases of the heart – diseases of the mind even? Does this place have a secret cure for men dying of lead poisoning?

Primrose   Saicrets? Aye. We hae saicrets. Thay wadna be saicrets fir verra lang gif we telt thaim tae ilka leein sixpence-renager 'at happent tae pass past. Nou wad hit?

Dorothy   What would be the price of a secret round here I wonder? Half a crown?

Primrose *points to the medical paper.*

Primrose   Whan ye takkin thon back tae the leebrary?

Dorothy   We leave in the morning. I'll take it back before we go.

Primrose   Wad ye tak thon Romeo an Juliet back an aw?

Dorothy   Why can't you take it back yourself?

Primrose   Hit's no mine. Hit's Hunter's. A'm a lassie.
Lassies irnae alloued leebrary beuks.

Dorothy   Why can't *he* take it back?

Primrose   Hit's ower late.

Dorothy   Overdrawn? Will there be a fine to pay? If I pay
the fine – will you tell me about this mysterious cure?

Primrose   A fine? Thare'll be hell tae pay! He borraed hit
wi'oot askin.

Dorothy   You mean he stole it?!

Primrose   Naw. Lik A says – he borraed hit. Wi'oot askin.
Hit wis ma blame. A wis wantin tae rade hit. Ma mither's
ayeweys sain suithfest luve daesna endure. A haed haurd
Shakespeare says hit daes endure. After A rade thon a kent
ma mither wis richt – hit daesna endure fir ony time at aw.
Hunter taen a len o hit fir iz. An than A lost hit a while syne.
No lang fand hit. Time hit git gaed back. (*Persuasive.*) A
veelage cin hae nae sense o pride an crouseness in a complete
wirks o Shakespeare 'at's no complete, nou cin thay?!

Dorothy *warms to* **Primrose**'*s idea.*

Dorothy   No, they can not.

She quickly thinks through some options.

Could say I found it. That way there will be no need for fines
or a humiliating public flogging!

Primrose   Miss Doroty Saxpence – yer's slee's a yird-moose.

Dorothy *takes one of the owl pellets from her pocket.*

Dorothy   And in return for my assistance in this matter –
you will tell me what you know about this.

She holds the owl pellet out for **Primrose** *to see.* **Primrose**'*s mood
turns serious. She is guarded and no longer playful.*

Primrose   Whaur daed ye git thon?

Dorothy   Found it. Outside this house. Your mother said that your owls here live in abandoned lead mines all over the valley. Is that true?

Primrose *hesitates.*

Primrose   Dae ye sweir ye'll tak thon beuk back? (*Whispers.*) Gif A tell ye whit A ken aboot the houlets?

Dorothy   Yes. I promise – with all my heart.

Primrose   Gif ye daena tak hit back fir us. Ye micht as weel thraw oor puir sauls oan the midden. Hunter says nou an than God misglims the wickit – says the warld is fou o forgat sowels – juist gainderin aboot – no e'en kennin 'at thay ir deid.

Dorothy   Oh for heaven's sake.

She picks up the copy of Romeo and Juliet *and puts it up her sleeve for good keeping.*

There! It will not leave my person until I give it back. First thing in the morning.

Primrose *looks at* **Dorothy** *– still not fully sure whether to believe her.*

Dorothy   I promise!

Primrose *still isn't convinced and watches* **Dorothy***'s reaction to each piece of information she gives her closely.*

Primrose   Weel – firstlins. Ma mither's a leear. Oor houlets anely leeve in yin mine – no aw ower. Thay stey in the auld ryal gowd mine. Some moot the houlets hae leeved thare fir hunders o year. An some moot 'at thay pertect a muckle seam o gowd 'at's coukit awa – yit tae be diskivert. A seam sae fouthie an joub hit wad hae the Spainish an the French slaikin thair lips! An some moot 'at thon gowd'll niver be fand till Scotland haes her ain queen yinst mair.

Dorothy   How extravagantly romantic!

Primrose   A daursay thare's some trowth in hit. Thon veecious houlets ir pertectin somethin.

She holds up her hands for **Dorothy** *to see the scratches on them.*

Dorothy   The owls did that to you?

Primrose   'Is's hee-haw compare't tae whit thay daed tae Hunter. Thay scliced him up wi a wickit coorseness. Taen his neb clean aff. Nou ye cin see richt intae his heid.

Dorothy *grimaces.* **Primrose** *points to the pellet.*

Primrose   Aw A ken aboot thon an the cure's 'is – hauf o the miners believe an hauf o the miners caw hit the de'il's darg. The yins 'at daena believe git awfu seek.

Dorothy   What are the symptoms? Of the sickness.

Primrose   Aw sorts.

Dorothy *opens up the medical paper and reads a section with difficulty due to the dim light.*

Dorothy (*reading fast*)   'The mines in the Lead Hills, as in all mineral countries, are destructive of health. You see an infirm frame, and squalid looks in most of the inhabitants. Horses, cows, dogs, cats, are liable to the lead-brash. A cat, when seized with that distemper, springs like lightning through every corner of the house, falls into convulsions and dies. A dog falls into strong convulsions also but sometimes recovers. A cow grows perfectly mad in an instant and must be immediately killed.' Have you seen this in the animals of the valley?

Primrose   Anely the beasts 'at sup frae the gray watter ablo the smelter git richt bad.

Dorothy   And what about the people? Is it the poisoned water that hurts them too?

Primrose   Ye'd be needin tae be a richt daftie tae sup thon gray watter ablo the smelter. Na – hit's the leid dist in the air. The air hitsel's pushiont.

Dorothy (*shocked*)   The very air itself is poisoned?!

Primrose   Aye. Ilkabody A ken haes a bowfin kist. Hit gits waur whan ye'r auld.

Dorothy   I thought the slums of London held mortal dangers. But this? This is. This is. Well.

Primrose   Whit's a slum?

Dorothy   I'll tell you if you answer the rest of my questions. Do the miners vomit regularly?

Primrose *does not know what vomit is.*

Dorothy   Do they retch?

She mimes being sick.

Primrose   Aye. The lucky yins – thay boke. Boke raiglar.

Dorothy   This sickness in the men. Do you call it mill-reek?

Primrose   Aye.

Dorothy *flicks over a couple of pages and reads another section of the paper.*

Dorothy   'With mill-reek, an uneasiness and weight is found about the stomach, especially near the "cartilago enfiformis"; and sometimes it appears like a colic in the intestines. The spittal of the sick is sweet, and something of a bluish colour, resembling what one observes when he chews lead. The pulse is a little low; the skin is all over cold; and a clammy sweat frequently breaks out. The legs become feeble with a prickling numbness; and there is a debility and laziness in all the body. The appetite goes . . . they don't digest what food they take. The patients become very costive . . . the pulse turns quick with heat on the skin. Giddiness, with vehement pain, seizes the head; which is succeeded by

an insensibility and delirium, like madness of the worst kind;
in so much that they tear their own flesh, and bite their
hands; the extremities tremble, and are convulsed, and they
die in a coma or apoplexy.' Have you seen men get sick like
this?

Primrose   Lik A says – hit's anely thaim 'at daena trou in
the feaders 'at gats deleerit an dees. Sers thaim richt ma
mither ayeweys says.

Dorothy   Trust the feathers?

Primrose   Aye.

Dorothy *points to the pellet.*

Primrose   Thon.

Dorothy   What has this cure got to do with a regurgitated
owl pellet?

Primrose   Wha's tae say'at paircel wis frae a houlet? Ye'll
airt oot nae fur nor moose banes in thon.

Dorothy   Where else could it come from?

Primrose   Yer best be askin ma mither.

Dorothy   Are you playing a game with me?

Primrose   Naw. Nae gemes. Ask ma mither in the morn.
Aw a ken is 'at iver sin A cin mynd. Miners drap the liks o
thon aff fir ma mither tae wash oot. She byles the drappt-aff
paircels up. Hunders o thaim – ilka month. The men pey a
bawbee a daudle. The bylin separates the leid dist frae the
feaders. Hit wis ma haundlin tae dry the feaders an git thaim
back intae the secks up here. 'At wis afore she taen the
strunts wi us. Nou ma mither daes the haislin as weel as the
washin. She chairges the minin men a bawbee fir a jaickit
pocket fou o cleant feaders an aw. 'At's aw a ken.

She is agitated and wants to leave.

Primrose   Nou – ir ye gaun tae tak ma beuk back?!
Hunter'll be wunnerin whit's haudin iz.

Dorothy   The play is safe in my keeping.

Primrose   Guid. An daena lat daub tae ma mither 'at thon
beuk's ower late gaun back. A'm no wantin her tae hae
anither raison tae leuk straucht past iz. A best be gaun.

She walks towards the edge of the space.

Dorothy   Wait. You said your mother was in a terrible
mood with you. What have you done?

Primrose   A daed nae waur 'an Juliet. Ma mither fand us
up here. Me an Hunter. Wrappit in ilk ither's airms – as
naitural as burn watter tummlin ower stanes.

She blows the feathers she's been picking up into the air.

An 'at's hou she taucht Hunter the lesson.

Dorothy   What lesson?

Primrose   Ask her yersel in the morn. She's a leein reneger.
A begowker an brekker o herts.

Dorothy   What do you mean?

Primrose (*viciously*)   Ask her!

Dorothy   I will.

Primrose   An gif she's aw ticht lippit ask her aboot the flesh
fir the houlets.

Dorothy   Did you say flesh?

Primrose   Aye. 'At'll lowsen her mooth. Ye cin tell us whit a
slum is yinst ye hae taen thon beuk back.

Primrose *starts to leave.*

Dorothy   Don't go. Not yet. We have so much more to /

Primrose   / A hae keepit ma hauf o oor tryst. Mynd ye keep
your hauf.

Primrose *exits.* **Dorothy** *is perturbed and sits down on a bag of feathers and examines both pellets.*

Scene Three: Departure

Mrs Otto's *scullery. Dawn the next morning. It is raining heavily outside.* **Mrs Otto** *is polishing cutlery. She is singing a mournful local ballad as she works.* **Dorothy** *enters – she hasn't slept.* **Mrs Otto** *sees her but continues to polish the cutlery.*

Mrs Otto   Whit's wrang wi yer baw face 'is mornin? Ye hae the leuk o a hauf-bylt yowe's heid aboot yer chowks. Coud ye no sleep?

Dorothy   Not since the Curfew Bell rang.

Mrs Otto   Feart o ghaists?

Dorothy   Sounded like young boys throwing stones to me. But thereafter I couldn't settle. You have a cold climate.

Mrs Otto   Ay, but hit's varra halesome.

Dorothy   That's one way to look at it.

Mrs Otto   Hit's nae wyte o mines 'at ye coudna git a dacent sleep!

Dorothy   I never said it /

Mrs Otto   / Ye sall hae nae siller aff the peyment due – afore ye stairt ony /

Dorothy   / My sleeplessness is of no concern to anyone other than myself Mrs Otto. And I have no intention of asking for a *discount*.

Mrs Otto   Weel 'at's braw – acause ye warna gittin yin!

Dorothy   I was only remarking that it was a cold night. For August.

Mrs Otto *uses the poem to try to intimidate* **Dorothy**.

Mrs Otto
>Whan simmer comes; walcome her in
>Wi a cube o succar an a drap o gin!
>Whan winter comes; stey on yer feet
>Dinnae proffer him fire, a cup or a seat!

Dorothy   If only it were that simple.

She smiles to show she's not scared of **Mrs Otto**.

Dorothy   There is no need to rush our morning meal, Mrs Otto. There has been a change of plan.

Mrs Otto   The plans chinge whan *A* chinge thaim. A'll no hae the p'ryal o yese maupin aroond here aw day lik drouthie lairds.

She refers to heavy rain falling outside.

Daudin shours nor nae daudin shours.

Dorothy   We have no intention of moping or dallying. We will be away from your door in good time. But we must wait until the library has opened – I need to return some texts William borrowed. Then we intent to visit the royal gold mine before we /

Mrs Otto *is visibly flustered.*

Mrs Otto   / Gowd mine? Wha's buin fillin yer heid wi sic daupit bletherations? Ryal gowd mine hech ay! Whit foost. Thare's no buin gowd in thir hills sin the bastart Stuarts stealt hit aw awa frae us lang syne.

Dorothy   We have no interest in gold. We only wish to visit the exhausted mine.

Mrs Otto   Weel ye canna – hit's ower dangerous.

Dorothy   Dangerous?

Mrs Otto   Aye. Verra. Thare's mony a ane 'at's gaed in – an mony's a ane 'at's na cam oot. (*Patronising.*) Yer here tae enjey yersel. A daena expect 'at ye hae deein in the daurk on

yer *itinerary*? An whit wi thon rain teemin doun – the Falls o
Clyde'll be a richt barrie sicht. Youse'll no be wantin tae miss
aw thon gowlin froth an the dirdum frae the tummlin
watter! Hit's a sicht tae /

Dorothy   / The Falls of Clyde can wait.

Mrs Otto's *patience frays.*

Mrs Otto   Thare's nae a man nor wumman nor wean in 'is
veelage 'at'll shaw ye the wey tae thon auld mine. Hit's ower
dangerous!

Dorothy   Would that be because of the owls that live there?

Mrs Otto *ignores* **Dorothy**'s *question.*

Mrs Otto   Ye awe iz five shillins.

Dorothy   The owls that you feed meat to?

Mrs Otto   Lea' hit on the table efter ye hae broke yer
fast. The table'll be set in hauf an oor.

Dorothy   Owls that you yourself said have the darkest of
natures. Why do you feed meat to the owls, Mrs Otto?

Mrs Otto *picks up all of the cutlery and slams it down on the table
– scattering it.*

Mrs Otto   An gif ye'r wantin a mornin fire 'at'll be anither
twa shillins!

Dorothy   We will require no fire – only some answers to a
few questions I have!

Mrs Otto   Nae fire? Suit yersel. Eat. Pey. Than see yersels
oot.

Mrs Otto *turns to leave.*

Dorothy   Primrose?

Hearing her first name stops **Mrs Otto** *in her tracks.*

Dorothy   I said I have questions I wish to ask you before we leave.

Mrs Otto   Hou dae ye ken ma gien name? Daed Jaik Taylor lat daub?

Dorothy *quickly opens the medical paper at a page she has marked and reads.*

Dorothy   'The people of Leadhills are so averse to opening of dead bodies, that I could never prevail upon them to allow me to open any who died of this disease.'

She holds out a pellet.

Was this through fear of the doctor finding one of these in the stomach of /

Mrs Otto   / Gie us hit. 'At daesna belang tae ye!

She tries to snatch the pellet from **Dorothy**'s *hand.* **Dorothy** *pulls her hand away.* **Mrs Otto** *grabs* **Dorothy**'s *other hand and twists it viciously – hurting* **Dorothy**.

Mrs Otto   Ye'll gie's hit gif ye ken whit's guid fir ye!

Dorothy *stands her ground and holds the pellet away from* **Mrs Otto**.

Dorothy   Would you have me scream? If William and Samuel are awakened any chance you have of keeping this cure a secret will be lost! I. Just. Want. Some. Answers!

Mrs Otto   The anely answer you'll hae frae iz lies in the back o ma haund!

She raises her arm to strike **Dorothy** *but* **Dorothy** *pushes her away and* **Mrs Otto** *falls heavily to the floor hurting herself.*

Dorothy   Didn't mean to. You shouldn't have /

Mrs Otto *controls her temper.*

Mrs Otto   / A'm fine lassie. Sers iz richt.

She gets to her feet.

Mrs Otto (*serious warning*)   Ettle tae set anither finger on iz lik 'at yinst mair mynd – an A plicht tae Him abuin and Him ablo – A'll raggle ye a new mooth!

Dorothy (*appeasing*)   I just want to know where the pellets come from. If they don't come from owls – where do they come from?

Mrs Otto   Ye warna meant tae fand thon paircel o feaders on ma back stap. A'm aye myndin the men tae pit thair paircels in the kivert backet *aside* the back stap – weel oot o sicht! Brockle bletherskites the lot o thaim.

Dorothy   Do the men swallow owl feathers? Is that part of the cure?

Mrs Otto *is wary of telling* **Dorothy** *more but feels cornered.*

Mrs Otto   Hits mair haunder 'an fou cuir.

Dorothy   I'm not sure what you mean?

Mrs Otto   Hit's no as semple as swallaein feaders. The cantrip's learin tae hauch the paircel back up oot yer gullet an intae the mooth. The greener the laddie is whan ye stairts, the mair luck he'll hae maisterin the hauch. Hit's no a easy lear. Thare's yins 'at cin and yins 'at canna. A bit lik rowin yer tongue.

Dorothy   Why don't you trust the doctors' treatments?

Mrs Otto   Some aye dae. The kirk'll hae naethin tae dae wi feader swallaein. Fir twa hunder year meenisters hae cawed hit the de'il's wirk. The kirk-gaun miners 'at pit thair faith in medicinal treatments an pittin a wird up – thay'r maist likely tae hae the leid pushionin waur. The lucky yins gae radge afore thair guts mizzle awa.

Dorothy   There are many reasonable treatments mentioned in here.

She flicks through the medical paper looking for the treatments.

Mrs Otto   Whit?! A tummler o sweet ile in the mornin wi yer brakfast? Pit on wairm claes efter wirk? Be eatin guid flesh an wattery broth? Pheesical exerceese twice't a year? Nae gallivantin on yer days aff? An than thare's the bluidy hellish medicines straucht oot the de'ils ain scullery press. Makkin the men swallae a vomit o emetic wine or tartar. No tae mention the mercury. An the hellsest vitrum antimonii!

She laughs bitterly.

The fowk o the gray glen hae tried thaim aw lassie. Fir a lang time. Lang afore ma time. A telt ye yestreen – thon quaickery causes mair guid men tae dee 'an the leid hitsel! Dae ye ken leid Miss Doroty?

Dorothy   Only what I've read in this paper.

Mrs Otto   Leid's ill. Wickit. Evil. Leid stour turns tae slutch in the stamacks o the men 'at wirk wey hit. The slutch turns tae a haurd crust. Inflams the guts tairible. Than burns an bores holes straucht throu thaim.

Dorothy   Those poor, tortured, wretches.

Mrs Otto   An whit's waur – the men git sae seek thay canna e'en haud doun a dram!

Dorothy   I'm sure that's the least of their worries.

Mrs Otto   Fir maist ae oor men a dram is tap ae the wirry list! Hit's whit git's thaim oot thair lairs in the morn an touks thaim in unner the blankets it nicht.

Dorothy   Some say alcohol is a poison too. A destroyer of men's souls. Good men.

Mrs Otto   Och awa an shite. (*Getting irritated.*) Ye wantin tae ken aboot the feaders nor no?

Dorothy   Please. Yes. Yes.

Mrs Otto   The houlet feaders gaither up an haud the deidly dist lang eneuch fir thaim tae hauch hit back up. Hou hit cams oot in a paircel naebody kens. Hit juist the wey hit cams oot.

Dorothy   This is a miraculous – a marvellous. Why keep it a secret?

Mrs Otto   / Hit's juist naebody's business bit oors. An gif ye daena mynd – 'at's the wey we'r wantin tae be keepin hit. Nou anent ma best juidgement A hae telt ye whit ye war efter. A wad be obleeged gif ye'd haund ower thon paircel. A willna sleep weel kennin hit's gaun tae be takkin pride o place in a Inglis caibinet o curiosities. Aw thon talk an attention'll anely lead tae mair curious fowk lik yersel an mair snokin aroond. An lik A says – thon paircel's no yours tae hae.

Dorothy   I still have a few questions.

Mrs Otto (*bristling*)   A hae telt ye whit /

Dorothy   / Tell me about Hunter Carmichael.

Mrs Otto   A haena haurd his maukit name in a lang time. An A'll no hearken hit mair gif ye'r wantin iz tae /

Dorothy   / I heard last night that you taught Hunter a lesson.

Mrs Otto   Mairiage is a kinch anely deith mey lowsen. A telt ma dochter thon! Telt her she haed tae hing on till she wis aulder. Than 'at Hunter gaes an gies her bluidy Shakespeare! Wi aw his fantoush notions o luve an siclike. A fand the pair o thaim. In the laft. Wrappit arooond ilk ither lik twa snakes! The pair o thaim war ettlin tae rin awa tae Gretna. Tae git mairit. He said he wis man muckle eneuch tae leuk efter her. A alloued him tae pruive he wis man eneuch. A plichtit 'at A wad allou the mairaige richt here in the veelage gif Hunter wad gree tae feed the houlets. 'At's a kempy man's wirk ye ken. Anely the haurdest o men'll volunteer tae feed the houlets. Ivery nou an than – ivery nou an than the man daesna cam hame.

Dorothy   Why feed them anything?!

Mrs Otto   We feed the houlets whan they ir nestin. Hit cuts doun on the nummer o set taes on bairns an auld fowk.

Dorothy   So why feed them at all? You just said yourself. These owls attack people!

Mrs Otto   The feaders! We ir needin plenty o houlets acause we ir needin plenty o feaders. Hae ye no buin listenin tae a wird A hae buin tellin ye?!

Dorothy   Why owl feathers? Surely any feather would work just as well.

Mrs Otto   Dae ye no 'hink ither feaders hae no buin tried ower the years?! Thay tried ivery kynd o feader ye cin 'hink o! Nae ither feaders wad cam back up in the hauch!

Dorothy   Is that how Hunter lost his nose? Feeding the owls?

Mrs Otto *is reticent to continue.*

Mrs Otto   A'll hae the paircel forehaund.

Dorothy *hands her the pellet.*

Mrs Otto   He lost mair 'an his neb thon nicht. A wis juist ettlin tae scar him aff. Hou wis A tae ken Hunter Carmichael wis daft eneuch – daft and kempy eneuch – tae gree tae dae hit?! A telt him hae haed tae be quate. But he draigs thon deid cauf doun the mine lik he wis gaun tae a ceilidh. Wisna lang afore the screichin an skirlin stairtit. An the neist hing A sees – (*pained*) ma ain dochter rinnin doun efter him. A yowtit efter her, 'Primrose! Dinnae!' She daedna e'en tak tent – she wis gaun sae fest. Ma wee Primrose wisna 'sposed tae be thare. She haed plichtit tae bide here at hame. She begeckt us. Begeckt ma trust. Hit wisna till the neist morn 'at the men fand the pair o thaim. Thair banes war pickit clean.

Dorothy   Mrs Otto. I. I. Don't what to. How. Terrible. Terrible. And so sad.

Mrs Otto   Aw the men gied us back wis thon hellsest beuk ae hers. She drappt hit ahint her rinnin intae the mine efter the laddie. A flung hit in the laft efter we pit her in the grund. A wisna wantin thon vile filth corruptin ony ither lassies in the veelage. Leebrary beuk nor no.

Dorothy *sits down on a chair overwhelmed.* **Mrs Otto** *puts the pellet in her pocket and gathers up the cutlery.*

Mrs Otto   Lik a says. The Falls o Clyde's yer best bet the day.

She exits with the cutlery. **Dorothy** *gets up and takes the copy of the play from her sleeve and looks at it. She takes the other pellet out and looks at it too. She looks to the door and thinks.*

Dorothy (*to herself*)
  And . . . Ah! well a-day. What evil looks
  Had I from old and young.
  Instead of the cross, the Albatross
  About my neck was hung.

She looks at the pellet one last time.

I think not.

She leaves the second pellet on the table. She leaves the room quickly with the book in her hands.

The End.